服部半蔵

明智光秀

織田信長

今川義元

豊臣秀頼

大谷吉継

NHK 新歴史秘話ヒストリア

歴史にかくされた
知られざる物語

① 乱世を生きた戦国武将

NHK「歴史秘話ヒストリア」制作班：編

ようこそ、歴史秘話ヒストリアへ

この本は、NHK番組「歴史秘話ヒストリア」の内容をもとに編集してあります。

番組では、歴史上の人物が何に悩み、悲しみ、よろこんだのかといった、

これまでとはちがった角度から、歴史の秘話がひもとかれていきます。

歴史という大河のひとしずく〜秘話〜によって、つぎつぎと明らかにされる

新しい歴史のすがたをお楽しみください。

「ヒストリア（historia）」とは、古代ギリシャ語などにある言葉で、歴史を意味する英語
「ヒストリー（history）」のもととなった言葉です。

目次

師匠、オレは戦国大名になる！
～"やられ役"今川義元の真実～

桶狭間古戦場（愛知県豊明市）。愛知県の名古屋市と豊明市には桶狭間の地名やゆかりの史跡が残されているが、桶狭間の場所については諸説ある。

Episode.1　戦国大名・今川義元誕生！

　歴史に名高い桶狭間の戦い——。この戦いで、織田信長にうちとられた武将が今川義元です。信長を引き立てる「やられ役」としてえがかれることもある義元ですが、実際は、信長も徳川家康もあこがれる戦国大名でした。偉大な師匠、太原雪斎とともに戦国の世をかけぬけた、今川義元の真実の姿にせまります。

　1519年、義元は、駿河国（今の静岡県中部）の大名、今川家の五男に生まれます。しかし、5歳になると、突然、寺にあずけられてしまいます。義元は五男でしたが、武士のままでは家督争いの火種になると考えられ、僧侶として生きることを定められたのです。

　寺で義元の教育係にあたったのが太原雪斎です。雪斎は、もともと今川家の家臣で、武家の出身。義元とおなじように家督をつげず、僧侶となっていました。雪斎は義元に、みずからの手で人生を切りひらく術を身につけさせる決意をします。

　雪斎は、義元にお経を教えるどころか、むしろ武士としての教育をほどこしました。さらに、和歌などの手ほどきもして、義元を教養人として育てていきます。義元は、くる日もくる日も、きびしい学問修業に明けくれました。

　数年後、雪斎は、義元をつれて京の都へ旅にでます。そこは雪斎がかつて修行にはげんだ地。都に着くと、雪斎は、義元を公家や室町幕府の重臣など、身分の高い人々に引きあわせていきます。すぐに都の雅な世界にとけこんだ義元は、そこで人脈を広げていきました。こうして、義元は、雪斎とともに、都と駿河を何度も行き来し、今川家のいわば外交官としての生活を4年近くつづけたのです。

今川義元 （1519〜1560年／室町時代）

■ プロフィール

1519年、駿河国（今の静岡県中部）の大名、今川氏親の五男に生まれる。幼名は芳菊丸。5歳のときに寺にあずけられ、太原雪斎が教育係となる。1536年、今川家で長男の氏輝と次男の彦五郎があいついで亡くなると、義元は側室（本妻以外の妻）の子である玄広恵探と家督を争い、これをたおして、18歳で当主となる。その後、遠江国（今の静岡県西部）、三河国（今の愛知県東部）をおさめるが、1560年、桶狭間の戦いで織田信長の軍の奇襲をうけて亡くなる。

今川義元

太原雪斎木像
（臨済寺蔵）

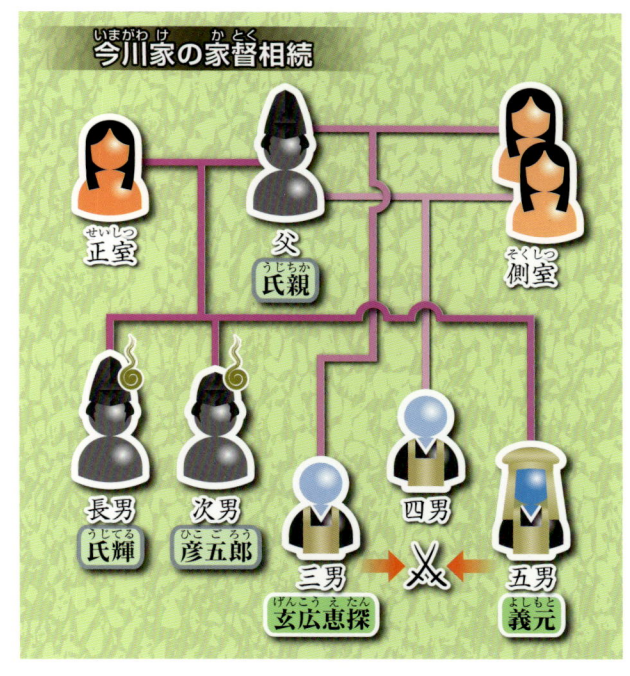

今川家の家督相続

正室　父　氏親　側室

長男　氏輝　　次男　彦五郎　　三男　玄広恵探　四男　五男　義元

義元の活躍は、今川家の家臣たちのあいだでも、しだいに評判になっていきます。みずからの人生を、みずからの手で切りひらく。雪斎と義元の努力は、みごとに実を結んだのです。

1536年、義元の一番上の兄、氏輝と、2番目の兄、彦五郎がおなじ日に亡くなります。長男と次男があいついで亡くなり、今川家の家督をつぐ可能性のある兄弟は3人となりました。そのなかで、正室（第一位の妻）の子は義元だけ。義元は、一躍、次期当主の有力候補におどりでることになります。この不自然なふたりの死には、義元に今川家をつがせようとした雪斎がかかわっているのではないか、そんなうわさもささやかれました。

兄たちの突然の死にとまどう義元に、さらなる事件がおきます。3番目の兄、玄広恵探が、家督をわがものにするため、義元をうとうと

兵を集めはじめたのです。義元は、みずから大名の座を勝ちとるか、あるいは兄にしたがうかの決断をせまられ、大名になることを心に決めます。

じつは、このとき、すでに雪斎は事前に根まわしをして、義元の家督相続を幕府にみとめてもらっていたのです。幕府のお墨つきを得たことで、いきおいづいた義元の軍勢は敵を圧倒し、兄を自害に追いこみました。そして、義元は18歳で今川家の当主となり、師匠である雪斎とともに乱世へと乗りだしていくのです。

Episode.2　今川義元　目指せ！一流大名

大名になったばかりの義元を悩ませたのは、今川領をねらう隣国の大名たちの存在でした。なかでも甲斐国（今の山梨県）の武田家は、義元の父の代から何度も駿河に攻めよせ、両家のあいだには争いがたえませんでした。義元と、その後見役という立場になった雪斎の最初の課題は、この武田家をおさえることでした。

そこで、義元は、武田家の娘を妻にむかえいれ、長年の争いに終止符をうとうとしました。ところが、この武田家との婚姻が思わぬ事態を引きおこします。東の隣国、北条家が駿河に攻めこんできたのです。今川家と北条家は、これまで同盟を結んでいたあいだがら

今川家の本拠地、今川館の可能性がある遺跡の発掘調査が平成17年度に静岡市でおこなわれた。

発掘調査で出土した金のかわらけ。かわらけとは、お酒を飲むときなどに使う素焼きの器のこと。駿河国には金山があり、今川家はそこからばく大な収入を得ていた。

です。かつては、ともに武田家と戦ったこともありました。今川家が、敵であるはずの武田家と婚姻関係を結ぶなど、北条家にとっては裏切りともいえる行為だったのです。

この北条家との戦いで、今川家は惨敗し、領地の4分の1をうばわれてしまいます。義元は、北条家にうばわれた領地をとりかえそうと、今川軍の組織改革に乗りだしました。当時、戦がおこると、家臣たちは、自分の領地の農民などに声をかけて兵を集めていました。しかし、敵が強いとわかると、農民たちはしりごみしてしまい、思うように兵が集まらなかったのです。

そこで、義元が考えだしたのが「寄親・寄子」という制度でした。各地の今川家の家臣を寄親、その下にいる農民たちを寄子とよび、擬似的な親子関係を結ばせます。寄親は寄子に土地をあたえたり、税を免除したりするなどの優遇措置をとります。そのかわり、戦の際には、子は親の命令に絶対したがうように定め、強固な指揮系統を確立したのです。

武田信玄

北条氏康

　1545年、戦へのそなえをかためた義元は、北条家との再戦にいどみます。そして、うばわれた領地の奪還にみごと成功したのです。

　つぎに、義元は、今川家、武田家、北条家の三者を縁組みさせることを考えます。まず自分の娘を武田家にとつがせ、息子には北条家から嫁をむかえ、さらに武田家と北条家とのあいだにも、婚姻を成立させようともくろんだのです。三者がそれぞれ手を結べば、事は丸くおさまります。とはいえ、武田家と北条家は長年にわたり宿敵の関係にあったので、簡単に同盟を結ぶとは思えませんでした。そこで、雪斎は、義元の命をうけて、両家の説得にむかいます。

　雪斎は、武田家と北条家が手を結ぶメリットを説きます。このとき、武田家は、北に長尾景虎（のちの上杉謙信）という強敵をかかえていました。また、北条家も関東の大名たちとのあいだで、こぜりあいをくりかえして

いました。今川家をふくめた三者で背中を守りあえば、一方向に戦力を集中できることになります。

　義元の絶妙な策に、両家は、それまでのしがらみをすてて、婚姻関係を結ぶことをうけいれました。こうして、今川・武田・北条の三者のあいだに同盟が成立。義元は、長年わずらわされてきた隣国との争いを終結させることに成功します。

　みごとな手腕で平和をもたらした義元は、いつしか「海道一の弓取り」「東海一の名君」とたたえられるまでになったのです。

義元が制定した法律

　今川義元が領国をおさめるためにみずから制定した法律「今川仮名目録追加」が残されています。寄親・寄子の制度など、21か条にわたり、今川領内の統治についてきめこまかく定めたものです。

　そのなかで、義元はこう記しています。

　「自分の力量をもって国の法度と申し付く」

　いまだ幕府の支配力が強かった戦国時代初期にあって、自分の国のことは自分が決める、実力こそがすべてだというこの義元の言葉は、本格的な戦国の世の幕あけをつげる画期的なものだと評価されています。

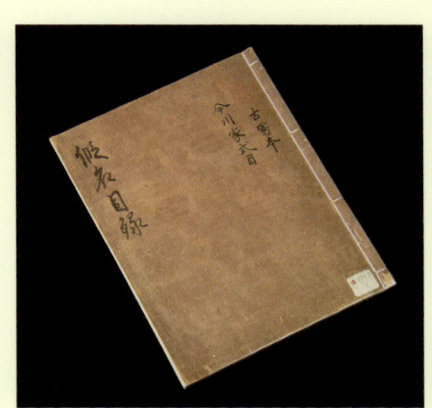

「今川仮名目録追加」（明治大学博物館所蔵）

　1547年、大名として確固たる地位をきずいていた義元のもとに、西隣の三河国（今の愛知県東部）の大名、松平家が援軍を求めてきました。松平家を攻めていたのは隣国、尾張国（今の愛知県西部）の織田信秀。あの織田信長の父でした。松平家が織田家にやぶれれば、今川家が織田家の脅威に直接さらされることになるのは明らかです。義元は、松平家を助けることで織田家の勢力拡大をくいとめようとこころみます。

　ここで義元は、援軍を送るかわりに、ひとつの条件をつけました。それは、松平家の跡つぎ、竹千代を今川家であずかるというもの。松平家が織田家になびくことがないよう、人質として、竹千代の身柄を要求したのです。

　しかし、約束の期日になっても、竹千代は義元のもとに送られてきませんでした。信秀が松平側の武将をこっそり買収し、今川家にむかっていたはずの竹千代を織田家が強奪したのでした。

　義元と太原雪斎は、竹千代をとりもどすべく策をねります。まず、国境に近い織田家の安城城（安祥城）を攻めました。その城の城主は、織田信秀の実子、信広です。この信広を人質としてとらえて、竹千代との交換をもちかければ、信秀もことわることができないと考えたのです。

　1549年、雪斎は、みずから軍勢をひきいて、信広がいる城に攻撃をしかけます。僧侶でありながらも兵法につうじる雪斎の指揮のもと、

織田信広と竹千代との人質交換作戦

今川軍の怒濤の攻撃がはじまりました。総攻撃からわずか2日で、安城城は落城。信広を生かしてとらえることに成功しました。さすがの信秀も、わが子を見すてるわけにはいかず、竹千代との人質交換をうけいれます。

　その2年後、織田家をたおす好機がおとずれます。これまで強力なカリスマ性で織田家を引っぱってきた信秀がこの世を去ったのです。織田家は混乱状態におちいりました。義元と雪斎は、今こそ織田をうち、今川の覇権をかためる絶好のチャンスと考え、尾張を攻めることを決意。雪斎みずから先頭に立ち、攻略の準備をすすめます。

　しかし、そのさなか、とつじょ、雪斎が病にたおれます。このとき、雪斎はすでに60歳。義元と二人三脚で戦国の世をかけぬけた雪斎は、宿敵、織田家との戦いを義元にたくし、1555年、この世を去ったのでした。

　雪斎亡きあと、義元はある決断をくだします。それは、嫡男の氏真に家督をゆずるというものでした。当主の座をはなれ、今度は自

分が雪斎にかわって、織田家攻略の陣頭に立つことを決意したのです。

1560年、42歳の義元は、駿河を出発し、尾張に侵攻します。義元がひきいる兵は2万5000人。対する織田家は4000人あまり。万全を期しての兵力でした。さらに義元は、尾張攻略の根まわしも周到におこなっていました。各地に使者を送り、織田家の家臣たちを寝返らせる方策です。義元は、織田方の城をいくつもとりこみ、ほとんど抵抗をうけることなく、尾張領内へ攻めこみます。そして、大兵力をいかし、織田方の砦をつぎつぎに攻略しました。今川軍のいきおいのすさまじさについて、記録はこう伝えています。

「義元の軍勢の前には、魔物であろうが鬼であろうがかなうまい」(「信長公記」より)

だれの目にも、今川軍の勝利はゆるがないように見えました。しかし、ここで思わぬことがおこります。とつじょ、大雨にみまわれた今川軍は、無理をせず、桶狭間山に陣をしき、兵を休ませることにしたのです。

それはまさに天のいたずらでした。義元は、今川軍の本陣をさがして戦場をかけまわっていた織田信長と鉢合わせしてしまったのです。雨のせいで気づくのがおくれた今川軍は、満足に応戦できず、義元の間近まで織田軍の接近をゆるしてしまいます。みずから刀をふるい、織田軍の兵士を切りふせる義元。しかし、おしよせる敵の前についに力つきます。

太原雪斎とともに乱世をかけぬけた戦国大名、今川義元は、そのこころざしなかばで桶狭間の地に露と消えたのでした。

雪斎に学んだ義元と家康

今川義元の人質だった竹千代は、のちに徳川家康となります。1603年、家康は江戸幕府をひらき、戦国の世は終息にむかいました。家康は、幕府をひらいたあと、義元の本拠地であった駿府、現在の静岡市を終のすみかと定めます。

静岡市にある臨済寺には、竹千代こと家康が学んだ「竹千代手習いの間」があります。ここで教育係となったのが太原雪斎でした。家康は、義元とおなじく、雪斎に学ぶことで、のちに天下をとる武将に成長したのです。

臨済寺(静岡市葵区)の山門

竹千代手習いの間

雪斎が戦場で身につけたという袈裟が残されている。

あなたの知らない信長の素顔
～英雄を記録した男 太田牛一の生涯～

旧岡山藩主の池田家に伝来した「信長記」（岡山大学附属図書館所蔵）。天下統一へとつきすすんだ織田信長の生涯が詳細に記された貴重な書物。

※太田牛一の書いた「信長記」は、後年、別の者が書きあらためた「信長記」と区別するために、「信長公記」とよぶことがある。

Episode.1　英雄とメモ魔　運命の出会い

「信長公記」は、織田信長の側近だったひとりの武士が、みずからの日記をもとに書いた英雄の一代記です。作者は太田牛一。英雄、信長の姿を記録しつづけた男の物語を紹介します。

織田信長は、尾張国（今の愛知県西部）の一部を支配する小さな大名でした。1554年、信長は、尾張国の中心地にある清洲城を手にいれるために出陣しました。このときの記録のなかに、信長軍の足軽衆として「太田又助」という名前がでてきます。これが太田牛一、当時28歳でした。この戦で、信長軍はみごと勝利します。清洲を支配下におき、戦国の覇者への道を歩きはじめた信長の姿を、牛一は間近で目撃することになったのです。

牛一は、この戦いに参加する直前まで、寺の僧侶だったといわれています。戦に縁のない生活を送っていた牛一は、ある日、信長のうわさを聞きます。

「信長は、常識のないおろか者だといわれておるが、必ずや大出世するであろう」

好奇心につき動かされたのか、牛一は寺をでて、信長のもとへむかったといいます。

信長の家臣となった牛一は、しだいに頭角をあらわします。とくに注目を集めたのが弓の腕前でした。ある合戦のとき、おしよせる

織田信長 （1534〜1582年／室町・安土桃山時代）
太田牛一 （1527〜1613年／室町・安土桃山・江戸時代）

織田信長

■プロフィール

織田信長は戦国時代の武将。桶狭間の戦いで今川義元をうち、尾張国（今の愛知県西部）を統一。1573年、室町幕府をほろぼす。天下統一を目前に、本能寺で家臣の明智光秀に襲撃され、自害する。

太田牛一は安土桃山時代の武将。軍記作家。僧侶をへたのち、織田信長につかえた。みずからの日記をもとに、織田信長の生涯を詳細にえがいた「信長公記（信長記）」を記す。信長の死後、豊臣秀吉・秀頼につかえた。

敵軍を前に、ひとり民家の屋根の上に陣取ると、矢つぎばやに矢をはなち、つぎつぎと敵をたおしました。その姿を見た信長は、牛一の腕と度胸を絶賛。その場で、ほうびとして領地をあたえたといいます。

織田家で3本の指にはいる弓の達人として、信長の信頼をうけた牛一は、足軽から抜擢され、信長のそばにつかえるようになります。

牛一には、メモ魔という別の一面もありました。なんでも気がついたことを日記に書きとめずにはいられません。さっそく間近で見聞きした信長の姿を書き記すようになります。

「信長様は、いつも着物のそでをはずし、短いはかまをはいたかっこうをしている。腰には、火打ち石などをいれた袋をぶらさげ、髪は派手な赤や萌黄色の糸でまき、茶せんのような形にしている」

「盆踊りのとき、信長様は、なんと女踊りをなされる」

とにかく風変わりな主君である信長。その何気ない日常を牛一は記録していきます。

また、牛一は、ふだん家臣にきびしく接する信長が、ときおり見せる意外なやさしさにほれこみます。強敵、今川義元との合戦のとき、味方がつぎつぎとうちとられていきました。死傷者は数知れず。見かねた信長は、みずから鉄砲を手にし、戦いの最前線にすすみでて反撃します。苦闘のすえ、なんとか勝利をおさめますが、そこで牛一は、それまで見たことのない信長の姿を記しています。

「信長様は、『あいつが討ち死にしたのか。あいつもか』と死んだ家臣のことをおおせられては、感きわまって涙を流されていた」

人目をはばかることなく、ともに戦った仲間のために涙を流す信長の姿。この主君なら一生ついていける。牛一は、信長に生涯つかえることをちかったのです。

拝殿

火縄銃の演武

信長を祭神にまつっている建勲神社（正式名称は建勲神社／京都市北区）。1568年に信長が京の都に上洛したことを祝い、毎年10月、船岡大祭がおこなわれる。この神社に代々、宝として「信長公記」が伝わっている。

1568年、織田信長は、日本の政治の中心地だった京の都へ上洛。牛一は、都の人々の熱狂的な歓迎をうけたことをこう記しています。

「信長様にお会いしたいと、都の人々がおおぜい集まり、信長様が滞在する屋敷の前は、まるで市場ができたかのようであった」

この上洛により、信長の天下統一への歩みは大きく前進することとなります。

それにともなって、牛一の立場も一変。京で新しい仕事をまかされたのです。それは、年貢の催促や土地問題の仲裁など、京の寺社との交渉をおこなうという重要な役目でした。文章を書くのが得意な牛一を知る、信長による抜擢でした。

とはいえ、牛一はずっと机の前にすわっていたわけではありません。各地で戦う信長によばれ、従軍記者さながらの記録を残しています。

1575年、信長は最大のライバル、武田氏との決戦にいどみます。「長篠の合戦」です。この戦いは、信長の天下取りのまさに正念場でした。牛一は、開戦直前の信長の決意を記しています。

「このたび、武田の者どもと戦するは、まさに天のあたえたもうた好機である。ひとり残らずうちとるのだ」

そして、戦いのようすをこうえがきます。

「敵の一番手は山県昌景。陣太鼓をうち鳴らしながら攻めかかってきた」

「鉄砲をさんざんにうちこまれると、引きし

りぞいた」

「二番手の敵勢がやってきて、しつこく攻めてくる」

「武田方は馬に乗った戦に長けていた。このときも騎馬でおしよせてきたが、味方は多数の兵をそろえ、身をかくして敵を待ちうけ、鉄砲をうつのみであった」

牛一は、戦いのようすを臨場感あふれる筆致でえがきつづけます。そして、

「戦いは8時間つづいた。武田方はしだいに人がいなくなり、やがて落ちのびていった」

と記します。

信長軍の鉄砲の前に、ついに武田軍は壊滅します。信長にとって、天下を大きく引きよせる歴史的な勝利でした。

「このときの信長様の武勇は、あたかも日がのぼり、朝露を消してしまうようなものであ

織田信長の本陣 武田勝頼の本陣

長篠の合戦のようすをえがいた「長篠合戦図屏風」（大阪城天守閣蔵）。実際の布陣にもとづいて、織田・武田両軍の部隊、騎馬武者の突撃をふせぐ柵や、1000丁をこえるともいわれる鉄砲隊などが忠実にえがかれている。これは牛一が残した詳細な合戦の記録がもとになっている。

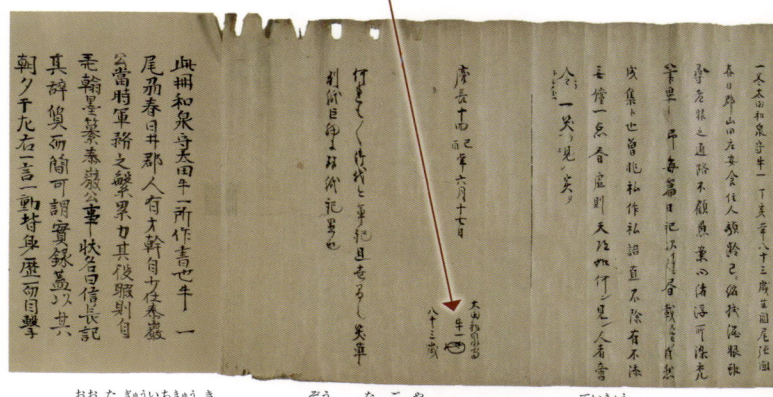

牛一の署名と花押（サイン）

「太田牛一旧記」（個人蔵／名古屋市博物館写真提供）。牛一がつけていたメモなどをつなぎあわせた文書。

った」

牛一は、こんなよろこびにみちた表現で合戦をしめくくったのでした。

牛一は、天下人の座にかけあがっていく信長の姿をさらに詳細に記録しつづけました。1576年には、壮大な安土城の建設がはじまります。天下人にふさわしいこの世にふたつとない城。主君、信長のシンボルを完璧に記録するため、牛一は、城の間取りから柱の本数、工事に参加した大工や職人の名前まで、ありとあらゆることを書き残しています。

「かくも壮麗なる安土城をきずいた信長様の御威光、御功績は、申しあげようもないほどだった」

牛一が、主君、信長の天下統一を記す日は、すぐそこまでせまっていました。

ところが、天正10（1582）年6月2日——。家臣の明智光秀が謀反をおこし、京の本能寺にわずかな側近とともに滞在していた織田信長におそいかかりました。「本能寺の変」です。天下統一を目前にして、信長は、とつじょ、この世を去ってしまうのです。

そのとき、牛一がどこにいたのか、記録には残されていません。しかし、謀反の知らせを聞いたとき、すべては手おくれになっていました。

英雄、織田信長とともに歩みつづけてきた男のそれからの20年。ひとりのメモ魔の日記は、やがて歴史へとかわっていくのです。

安土城内部をCGで再現

牛一の記録をもとにして、安土城の内部のようすがCGで再現されています。織田信長のきずいた安土城は焼失してしまいましたが、牛一が詳細な記録を残していたおかげで、今でもその姿をうかがい知ることができます。

牛一の記録の一部を紹介します。

「安土城1階。12畳の座敷のふすまにえがかれていたのは、がちょうの絵だった。つぎの間は4畳。はとの絵がえがかれている。最上階は、座敷のなかがすべて金。壁にえがかれていたのは古代中国の伝説の帝王たちであった」

安土城の最上階の内部。壁には古代中国の伝説の帝王たちがえがかれていた。

　織田信長の突然の死から数年後、牛一は、信長の後継者となった豊臣秀吉のもとで仕事をつづけていました。しかし、牛一の心中にあったのは、消えることのない信長への思いでした。主君、信長はどのような最期をとげたのか。牛一は、自分の目で見ることができなかった本能寺の変の真実を調べはじめます。

　数十人いた信長の側近たちは命を落としていました。生きのびた人はいなかったのか、牛一はあちこちさがしまわります。そして、ついに真相を知る人物にたどりつきました。それは信長の侍女たち。信長が死ぬ直前までそばにいた数少ない生存者です。

　侍女たちは静かに口をひらき、あの夜のできごとを語りはじめました。

「上様は、敵にむかわれました。しかしながら、多勢に無勢。ひじに手傷を負われ……」

「わたしたち女どもに、わしにかまわず逃げよと、お声をおかけくださり……」

　危機がせまるなか、信長が最期に見せたのは、侍女たちを思いやるやさしさでした。

　明智光秀の謀反を知ったとき、信長がなんといったか、牛一はたずねました。

「是非に及ばず、とのみ。そののちのことはわかりませぬ」

　是非に及ばず――。天がくだした運命の前では、もはやしかたないという意味だともいわれています。牛一がつきとめたのは、最期の瞬間まで、信長らしい堂々とした英雄の姿でした。

　この世を去った信長のことをひとつひとつひろい集めていくなかで、牛一は、ある決意をかためていきます。それは、信長の生涯を書物にまとめることでした。その名は「信長公記」。牛一は、ぼう大な日記や取材記録の整理にとりかかります。書きだしは、前にも紹介した記述で、1568年、信長が天下統一を目ざして、上洛したときのようすをえがいたものです。

「信長様にお会いしたいと、都の人々がおお

大阪府池田市の佛日寺。ここに牛一と子孫の墓がある。

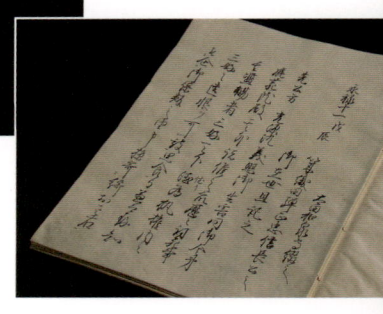

太田家に伝わる「信長公記」の写本「信長記（太田家本）」。いくつか存在する写本のなかでも、書かれた年代が古く、元の日記に近い非常に貴重なもの。

ぜい集まり、信長様が滞在する屋敷の前は、まるで市場ができたかのようであった」

牛一は、信長の晴れ姿をはじめ、この年のできごとを1冊にまとめて、巻末を「珍重珍重（めでたしめでたし）」と結びました。1年ごとに1冊ずつ。それぞれを「めでたしめでたし」と結ぶ、信長15年間の天下取りの物語です。この「信長公記」が牛一のライフワークになりました。

「ある年、信長様は奇想天外な発想で人々をおどろかせた。めでたしめでたし」

「信長様はいつも好奇心にあふれ、茶の湯や南蛮渡来の新しい文化をいち早く世に広めた。めでたしめでたし」

「苦しい合戦のとき、信長様はいつも先頭に立ち、家臣をだいじにしてくださった。めでたしめでたし」

牛一が、取材と執筆についやした時間は20年以上におよびました。そして、牛一は、70代のなかばにさしかかったころ、ついに最終巻を書きはじめます。しかし、この巻だけ

は、ハッピーエンドにはなりません。信長の死のあと、どう物語をしめくくるのか、牛一は悩みながら筆をすすめます。

「謀反人が明智光秀と聞かれた信長様は、是非に及ばず、とのことであった」

牛一は、侍女に取材して、当時のくわしいようすを書き記しました。つぎに書いたのは、大混乱におちいる安土の人々のようすです。

「信長様御切腹と聞くや、みな家をすて、妻子だけをつれて、めいめい勝手に安土からのがれていった」

「信長公記」はつぎのページでおわりです。「めでたしめでたし」もありません。牛一は、おとずれた主君の死をありのままに書き、そこで筆をおくことを選びました。ひとときの夢幻のごとく、はかなくも美しい最期をとげた織田信長。牛一にとって、これこそが英雄の物語にふさわしい唯一の結末だったのです。

戦国の世を記録しつづけた男、太田牛一。彼のえがきだした英雄の姿は、今もわたしたちの心を魅了してやみません。

牛一がつかえた最後の主君

太田牛一が人生の最後につかえた主君は豊臣秀頼（秀吉の息子）でした。没落していく豊臣家の最後の当主だった秀頼には、過酷な運命が待っていました。天下人の座を将軍、徳川家康にうばわれたのち、大名たちはつぎつぎと秀頼のもとをはなれ、家康になびいていきます。若き秀頼が家康に追いつめられていくなか、牛一はひとつの物語を書きはじめました。それが「太閤様軍記の内」。主人公は秀頼の父、太閤秀吉。家康をもしたがえていた英雄の一代記です。

「大かうさまくんきのうち（太閤様軍記の内）」
（慶應義塾図書館所蔵）

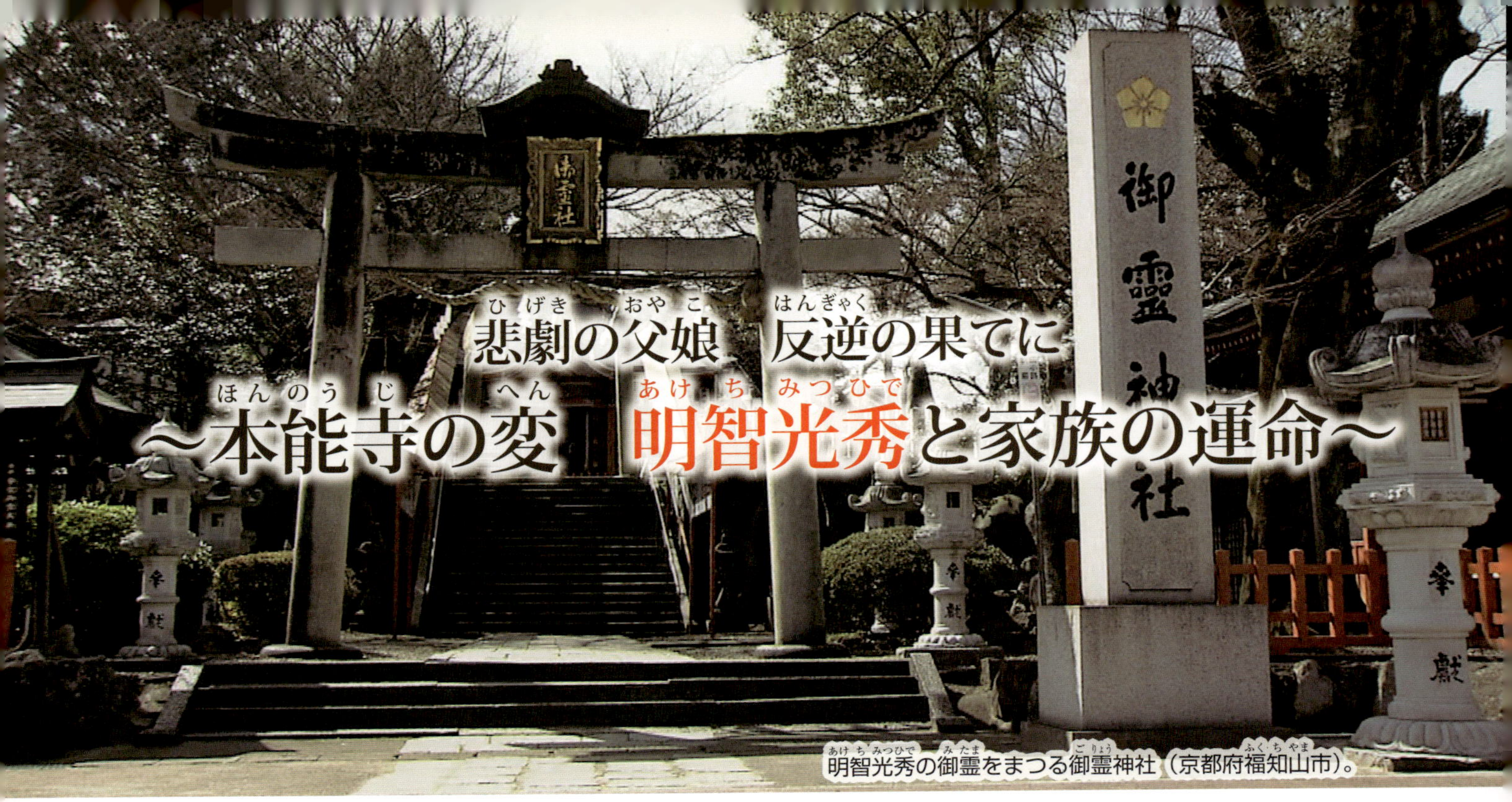

悲劇の父娘　反逆の果てに
～本能寺の変　明智光秀と家族の運命～

明智光秀の御霊をまつる御霊神社（京都府福知山市）。

Episode.1 エピソード　明智光秀 本能寺への道　父としての苦悩

日本史上最大の事件「本能寺の変」。その首謀者、明智光秀の反逆のかげには、ひとりの父としての苦悩がありました。知られざる父と娘たちのせつなき物語を紹介します。

明智光秀は、戦国時代の中ごろ、美濃国（今の岐阜県南部）で生まれたといわれます。もともと身分の低い武士で、四十代なかばまで、食事にも不自由するような暮らしぶりでした。そんな光秀をささえたのは妻の熈子。まずしいながらも、たがいをいたわり思いやる、仲むつまじい夫婦だったといいます。

光秀の運がひらけるきっかけとなったのが、織田信長との出会いでした。光秀は、天下統一にむけて京の都への上洛を目ざす信長に見いだされ、つかえることになります。人生経験豊富な光秀は、京の朝廷や寺社との交渉役をまかされ、実力をみとめられます。信長と出会ってわずか数年で、織田家の出世頭である秀吉とおなじ立場にまでとりたてられました。

生活が安定しだしたころ、光秀は熈子とのあいだに、つぎつぎと娘たちをさずかります。なかでも、とくに活発だったのが玉子（珠子）。のちに細川ガラシャとよばれ、戦国時代屈指の美女となる少女でした。

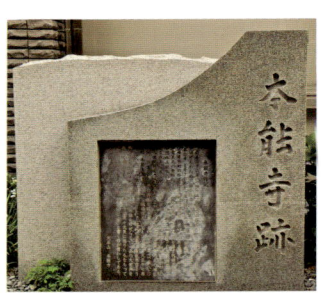

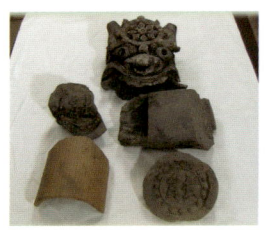

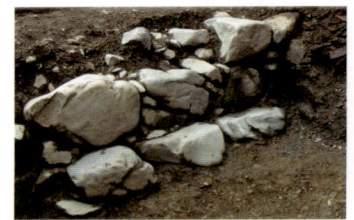

当時の本能寺があった場所には石碑（左）が建てられている。2007年の発掘調査では、焼けた瓦（左下）などのほかに堅牢な石垣（下）の遺構も見つかっている。

画像提供：関西文化財調査会

明智光秀 (1528?〜1582年／室町・安土桃山時代)

■ プロフィール

安土桃山時代の武将。通称は十兵衛。美濃（今の岐阜県南部）の土岐氏の一族で、細川ガラシャの父。はじめは越前国（今の福井県北部）の朝倉義景、その後は織田信長につかえ、室町幕府において、将軍の足利義昭や公家たちとの交渉役をつとめる。1571年、比叡山の焼き討ちのあと、近江国（今の滋賀県）の坂本城主になる。1582年、本能寺の変をおこして織田信長をうつが、山崎の戦いで羽柴（のちの豊臣）秀吉にやぶれ、逃走中に亡くなる。

明智光秀

光秀は、信長に軍事的な才能もみとめられ、各地の戦いで活躍を見せはじめます。そんなある日、信長から、800年にわたって人々の信仰を集めてきた比叡山延暦寺の焼き討ちを命令されます。信長に敵対する大名をかくまったことへの報復措置でした。信長は、比叡山だけでなく、ふもとの村まで焼きはらうように指示します。光秀は、必死に信長をいさめますが、いっさい聞きいれられず、やむなく決行。死者は数千人にものぼり、そのほとんどは無抵抗の僧や村人たちでした。

ときに迷いながらも、けんめいに信長をささえた光秀は、城持ち大名に出世します。娘たちにも、つぎつぎとよい縁談が舞いこむようになりました。長女の結婚相手は、摂津国（今の大阪府と兵庫県の一部）の大名、荒木村重の嫡男、村次。末娘は信長のおい、津田信澄のもとへ。そして、玉子は主君、織田信長の媒酌で、のちに丹後国（今の京都府北部）の大名となる細川忠興にとつぎました。

光秀は、信長への感謝の気持ちを率直に書き残しています。

「わたしはがれきのようなとるにたらぬ者であったが、信長様にばく大な軍勢をひきいる身にまでとりたてていただいた。粉骨砕身努力すれば、信長様は必ずそれをみとめてくださる」

しかし、この文章を書いた1年後、光秀は大きな決断をします。信長軍のおもな武将は、全国の有力大名と戦うために各地に散らばり、光秀は京に近い丹波で、つぎの出陣のため、1万3000人の兵をひきいて出発しようとしていました。そこへ信長が京にやってきます。供の者はわずか。用心深い信長が見せた一瞬のすきでした。この偶然を好機とみて、光秀がおこしたのが、本能寺の変だったのです。

天正10（1582）年6月2日未明、光秀は本能寺に宿泊していた信長を奇襲。逃亡のいとまをいっさいあたえず、わずか2時間でうちとりました。しかし、この本能寺の変は、光秀の娘たちの運命を大きくかえていくことになります。

本能寺の変がおきた当時の信長軍のおもな武将の居場所

　近江国、現在の滋賀県近江八幡市にある安土山。そこは、天下の覇者、織田信長の居城、安土城がおかれていた場所です。信長をうった明智光秀がまっ先におさえたのが、この安土城でした。

　光秀は、本能寺の変をおこした2日後、早くも朝廷の使者を安土城にむかえ、天皇の権威を後ろ盾にして、信長にかわって天下をおさめることをしめしています。さらには、織田家の有力武将が各地からもどってくる前に、近畿の重要拠点をつぎつぎと制圧。大和（今の奈良県）や紀伊（今の和歌山県と三重県南部）、若狭（今の福井県西部）の武将も味方につけ、近畿を確実におさえていきました。

　このとき、光秀がたよりにしていたのが娘たちのとつぎ先でした。丹後の細川家には玉子が、大坂の津田信澄には末娘がとついでいました。どちらも有力武将で、心強い味方になると思われました。

　しかし、本能寺の変のあとの混乱は光秀の想像をこえ、光秀の謀反に反発する動きが続発します。信長の息子は、光秀の娘婿である津田信澄を襲撃。信澄は非業の死をとげます。このとき、幼子をかかえた光秀の娘は行方不明になり、信澄は天下の謀反人の一族としてさらし首にされてしまいました。

　さらに、光秀をおどろかせるできごとがおこります。それは、羽柴（のちの豊臣）秀吉の軍勢が姫路へと引きかえしてきたのです。

　中国地方にいた秀吉は、交戦中だった毛利軍と講和を結ぶことに成功し、光秀打倒を目ざし、京にむけて進軍を開始しました。そして、各地の武将に、信長が生きているという、うその情報を流し、反光秀の勢力をたばねようとします。このとき、秀吉がよびかけた先のひとつが玉子のいる細川家でした。信長に重用されていた細川家は、秀吉に呼応し、忠興の妻の父である光秀への協力を拒絶しまし

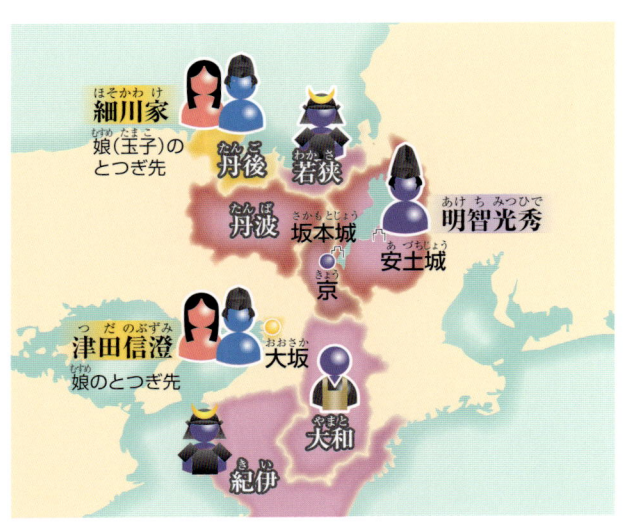

細川家
娘（玉子）のとつぎ先
丹後
若狭
丹波
坂本城
明智光秀
安土城
京
津田信澄
娘のとつぎ先
大坂
大和
紀伊

豊臣秀吉肖像。下は、秀吉がだした手紙「天正10年6月5日 中川清秀宛 羽柴秀吉書状」（梅林寺蔵）。信長が生きて脱出したとするうその一文もある。

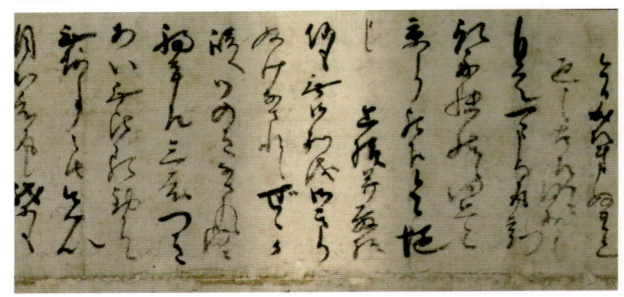

た。その結果、悲劇におちいったのが光秀の娘、玉子でした。

「そなたの父は、わが主君の敵。無道の者の娘をそのまま妻にしておくことはできぬ」

玉子はとつじょ、夫の忠興から離縁をつげられ、幼い子どもたちと引きはなされることになりました。

夫に縁を切られた玉子は、山深い里に幽閉されます。幸せな暮らしからつき落とされた玉子は、父にあてて、こんな手紙をだしています。

「腹黒い父上のせいで、わたしは夫の忠興様にすてられ、心細いありさまになりはてました」

たよりにしていた細川家の離反は、光秀にとって最大の誤算でした。なおも細川家に食いさがろうとする光秀の手紙が残っています。

「もはや忠興殿に出陣してくれとは申しません。せめて重臣だけでも送ってくださいませんか。わたしはこの戦いがおわったら、天下を十五郎と忠興殿にゆずって隠居しようと思

玉子が幽閉された場所（京都府京丹後市）には、「細川忠興夫人隠棲地」の碑が建てられている。

っております」

十五郎とは、光秀のまだ若い嫡男のこと。その手紙は、天下を細川家にゆずってまで、援軍を願いたいという内容でした。

そのとき、ライバルの秀吉は、中国地方から予想をこえる早さで帰還。姫路城で光秀打倒の準備をととのえ、京の都にせまろうとしていました。光秀は、大名たちからの協力を十分にとりつけられぬまま、秀吉軍との決戦にのぞまざるをえなくなったのです。

光秀は、跡取りの十五郎を近江の坂本城に残して出陣します。本能寺の変から8日目、これが十五郎との今生のわかれとなりました。

英雄としての明智光秀

京都府北部の福知山市。戦国時代に、この地をおさめていた明智光秀は、治水工事によって洪水から人々を救った英雄でもありました。

　♪ 明智光秀 丹波をひろめ
　　ひろめ丹波の 福知山〜

これは、古くから伝わる民謡「福知山音頭」の冒頭の歌詞です。人々に愛されてきた光秀をたたえています。

また、福知山市には、光秀がまつられている御霊神社（p.16）があります。

福知山城

Episode.3　明智光秀 最後の戦い　一族の未来を賭けて

天正10（1582）年6月10日、明智光秀は軍勢をひきいて、天王山のふもとの町、山崎付近に到着します。羽柴（のちの豊臣）秀吉の軍は、まだ兵庫にいて、光秀には十分な防衛体制を組む時間がありました。このとき、光秀が目をつけたのが、山崎の町の北にあった古墳です。もともと森だった前方後円墳の頂上部分を改造して、周囲をくまなく一望できる本陣などをもうけたと考えられます。古墳の全長は128メートル。本陣部分の高さは8メートルで、3階建ての櫓に相当します。

古墳の右手にそびえるのは天王山。左手には淀川と湿地帯。敵の軍勢が進軍できるのは、そのあいだのわずか数百メートルの平地のみ。古墳の上からであれば、手にとるように敵の動きを把握できます。天然の要害と周到な工事によって、光秀はこれ以上ない布陣で戦いにのぞんでいました。光秀の兵力はおよそ1万6000人。一方、秀吉直属の軍はおよそ1万人。光秀には十分な勝算があったはずです。

そのころ、秀吉は播磨国をたち、山崎を目ざして進軍中でした。地の利を光秀にうばわれ、兵力面でも劣勢。しかし、秀吉には切り

札がありました。それは信長の敵討ちという「大義名分」です。秀吉は、行く先々の武将に力を貸してほしいとうったえ、猛アピールをはじめます。

「この秀吉、光秀を相手に、亡き信長様のとむらい合戦をつかまつるにあたり、もとより、討ち死には覚悟のうえにござる。ただひとつ願うは、亡き殿のご無念を晴らすことのみにござる」

自分は、信長の敵討ちさえできれば討ち死にしてもかまわない。秀吉の捨て身のうったえは、多くの武将の心を動かします。山崎へむかうあいだに、近畿の武将たちがぞくぞくと秀吉軍に合流し、その数をふやしていきました。

一方、謀反人である光秀側には思わぬ誤算がつづきます。玉子のとつぎ先の細川家が秀吉側についたのにくわえ、当初は味方だった大和国（今の奈良県）の武将たちも離反。光秀直属の部下である丹波の兵のなかにまで、陣をはなれる者がではじめます。一方の秀吉軍は、3万人以上にふくれあがっていました。

本能寺の変から11日後の6月13日、秀吉と

玉子（ヴァチカン近代美術館所蔵「天正貴婦人像」）と細川忠興。

光秀の対決、「山崎の戦い」の火ぶたが切って落とされます。合戦は、天王山のある西側からはじまりました。光秀は、的確な指揮で秀吉軍を撃退しますが、このあと、光秀の予想をこえる事態がおこります。ふつうなら、足をとられるために進軍しないはずの湿地帯をものともせず、敵が突撃してきたのです。とむらい合戦に燃える秀吉軍は、危険をかえりみず、突進をつづけます。反逆者への怒りで一丸となった猛攻を光秀軍はおさえきれませんでした。

　ついに、光秀は背後にある勝龍寺城に退却。味方の多くが討ち死にし、再起は不可能かと思われたとき、光秀は謎の行動にでました。勝龍寺城の北、100メートル先の土塁を乗りこえ、勝龍寺城からの脱出をはかったのです。供の者はほんのわずか。その進路も、京へむかうと思いきや、東に進路をとり、洛中を迂回してふたたび北へ。このとき、光秀の脳裏にあったと思われるのは、坂本城にいた嫡男、十五郎の存在でした。十五郎は、一族とともに城に立てこもっていたのです。

　光秀は、最後の力をふりしぼり、ひと晩で20キロ近い道のりを踏破しました。あとひとつ山をこえれば近江というところまでたどりつきますが、その夜、落ち武者狩りにあい、絶命。一族の未来を賭けて立ちあがった老将、明智光秀の反乱は、こうして幕をとじました。

　光秀の死後、明智一族には悲惨な運命が待っていました。光秀の居城だった坂本城は秀吉軍に包囲され、一族の者は自害を余儀なくされます。まだ少年だった十五郎をはじめ、光秀の親族のほとんどは、ここで命を落としました。

　しかし、一族のうち、丹後の山中に幽閉されていた玉子は生き残りました。謀反人の娘として、そのまま生涯をおえるかに思われた玉子を救ったのが、夫の細川忠興です。玉子を心から愛していた忠興は、秀吉に赦免を嘆願してゆるされます。玉子は忠興と復縁し、子孫は今日までつづいています。

波瀾万丈の一代記「明智軍記」

　本能寺の変からおよそ100年後、明智光秀を主人公にした物語「明智軍記」（作者は不明）が誕生します。
　この物語では、光秀は懸命に主君をささえるひとりの武将としてえがかれています。また、光秀を非道の謀反人とはみなさず、本能寺の変は思いあがった信長に天がくだした裁きだと記されています。

「明智軍記」（国立公文書館所蔵）。

転職忍者ハットリ君の冒険
～家康の"頼れる家臣"服部半蔵～

皇居（東京都千代田区）の半蔵門。服部半蔵が江戸城（今の皇居）の西門の近くにすまいをかまえたことから、この門は半蔵門とよばれるようになった。

Episode.1　忍者はつらいよ！武士になろう！の巻

忍者として語られることの多い服部半蔵は、戦国時代を生きた実在の人物です。しかし、忍者ではありません。徳川家康をささえた戦国ヒーロー、服部半蔵の知られざる物語を紹介します。

服部半蔵正成は、1542年、三河国（今の愛知県東部）に生まれます。6人きょうだいの5番目で、幼いころから力が強く、わんぱく者だったといわれます。

半蔵の父、保長は、三河の大名、松平家につかえる足軽でした。じつは、この保長の出身地が忍者の里として知られる伊賀国（今の三重県西部）でした。伊賀には、忍び、つまり各地の武将にやとわれてスパイのような働きをする者が多く、「伊賀者」とよばれていました。しかし、忍びの仕事は依頼があったときだけ。ふだんは田畑をたがやしたり商売をしたりして、どうにか生計を立てていました。安定した収入や出世など、夢のまた夢でした。保長は、不安定な生活からぬけだそうとして忍びをやめ、三河へうつったと考えられます。そして、松平家の一番下の足軽になりました。

日々、槍のけいこにはげんだ半蔵は、屈強な若者に成長し、父とおなじく松平家の足軽になります。そのときの主君は松平元康、のちの徳川家康です。

半蔵が20歳をむかえたころ、きたえた槍の腕前を発揮する機会がやってきます。家康は、西の織田信長と同盟を結び、東の今川家と対決しようとしていました。当時、今川家では、家康の嫡男、信康を人質にとっていて、家康は、わが子を救いだそうとして、今川家に戦いをいどんだのです。

服部半蔵 （1542〜1596年／室町・安土桃山時代）

服部半蔵

■ プロフィール

安土桃山時代の武将。三河国（今の愛知県東部）の出身で、名は正成。半蔵は通称。父、服部保長のあとをついで徳川家康につかえ、姉川の戦い、三方ヶ原の戦いなどで活躍。1582年、本能寺の変に際し、大坂の堺にいた家康を護衛し、無事に三河の岡崎城へ帰還させた。関東入国後は伊賀者のまとめ役となった。皇居の「半蔵門」の名は、門のそばに半蔵の屋敷があったことによる。55歳で死去。

今川家と対決する家康・信長

同盟関係
織田信長
徳川家康（当時は松平元康）
人質
今川家
信康

この戦で、半蔵は、得意の槍をふるい、敵をつぎつぎとたおします。大物の武将をみごとにしとめるなど、めざましい活躍をしました。圧倒的な勝利をはたし、半蔵たちは信康をとりもどすことに成功します。

勇ましく戦った半蔵は、そのうわさを聞いた家康によびだされます。

「わが子、信康が助かったのも、ひとえにそなたの槍働きあってのことよ」

家康に言葉をかけられ、半蔵はふるい立ちます。戦のたびに武功をあげ、半蔵は出世街道をかけのぼっていきました。家康にとりたてられ、信康のそばにつかえるようになります。家康や信康からの厚い信頼を肌で感じる毎日をすごしていると、出世のためだけではない、戦うことの新たな目的を見いだします。

「殿と信康様をお守りするため、けんめいに働こう」

主君への忠誠を新たにした半蔵のいきおいはすさまじいものでした。敵はおそれおののき、あまりにはげしい戦いぶりから、「鬼半蔵」とよばれるようになったといいます。

そして、1572年、半蔵は、150人の部下をあたえられます。それは伊賀の忍びたちでした。家康は、服部家が伊賀ゆかりであることを見こんで、忍びをまとめて敵のようすをさぐる役目をあたえたと考えられます。

半蔵は、忍者集団のリーダーとして、新たな任務にとり組むこととなったのです。

服部半蔵ゆかりの寺、西念寺（東京都新宿区）。

寺には、家康が半蔵にほうびとしてあたえたと伝わる槍が残されている。これは通常の槍の1.5倍の特大サイズ。力持ちの半蔵にあわせて、家康がわざわざ特注でつくらせたと考えられる。

1579年、徳川家をゆるがす大事件がおきます。家康の嫡男、信康が敵につうじているとして、織田信長から謀反のうたがいをかけられたのです。その敵とは、家康にとって、当時、最大の脅威だった隣国の武田家でした。武田家と家康の妻がひそかにつうじ、信康も母親に協力して、徳川家の機密情報を流しているというのです。

徳川家とともに武田家と戦っていた信長は、家康に対して、妻と信康へのきびしい処分をせまりました。

信康は、徳川家のたいせつな跡つぎです。半蔵にとっては、長年そばでつかえ、成長を見守ってきたかけがえのない存在でした。信康は、跡つぎにふさわしい聡明な青年に成長し、戦場では、だれよりも勇敢に戦っていました。半蔵は、信康の身の潔白を信じました。

当時、武田家は、戦国最強ともいわれる忍

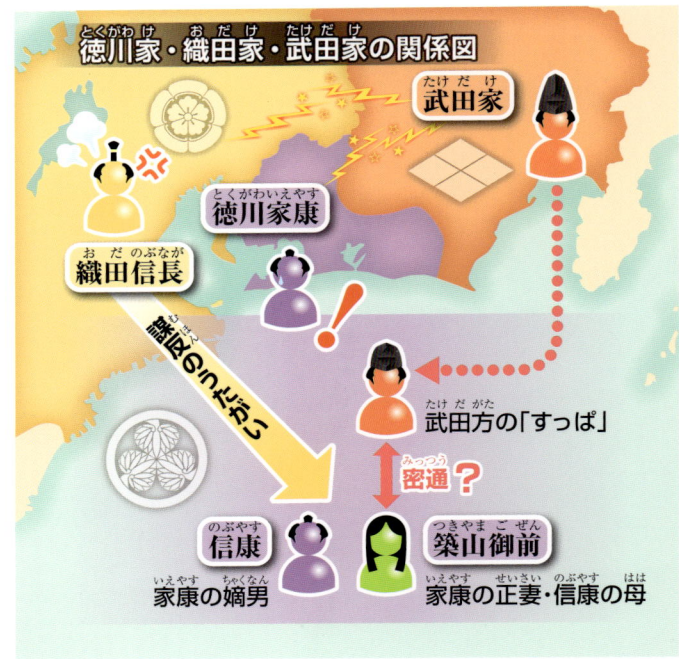

徳川家・織田家・武田家の関係図

武田家

徳川家康

織田信長

謀反のうたがい

武田方の「すっぱ」

密通？

信康
家康の嫡男

築山御前
家康の正妻・信康の母

びの集団をかかえていました。その名を「すっぱ」といいます。秘密をあばくことを意味する「すっぱぬく」の語源ともなった忍びたちです。

すっぱは、敵の大名家の奥深くにはいりこ

忍者の武器・特技 大研究

半蔵が生きた戦国時代は、忍者がもっとも活躍した時代だといわれています。忍びたちは情報を集めるために、屋敷や城へたくみに侵入しました。伊賀に伝わる秘伝書「萬川集海」には、侵入する際にもちいた、さまざまな道具や方法が記されています。

その技術の一部は、今も地元に伝えられています。

「萬川集海」（伊賀流忍者博物館蔵／右3点も）

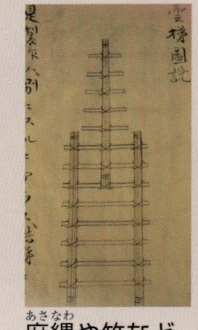

麻縄や竹などでつくられた道具。

んで、家臣の寝返りをさそうなど、家中を混乱させることが得意でした。それまでに、半蔵は徳川の領内で、武田の手の者をとらえていました。謀反のうわさも、武田の忍びが信康をおとしいれようとするためにしかけた策略ではないかと考えます。あやしい者はいなかったか、不審な動きはないか、半蔵は、配下の伊賀者に情報を集めさせました。

しばらくして、伊賀者が情報をもち帰ってきました。しかし、報告のなかに、信康へのうたがいを晴らせるようなものはありません。むしろ、信康にとって、いっそう不利なことをしめす情報ばかりでした。

あせるなか、時間だけがすぎていきます。そして、信長の要求をこばみきれなくなった家康は、ついに決断しました。まず、武田家につうじた張本人とされる妻を家臣に殺させました。そして、半月後、信康に切腹という非情な命令をくだしました。

首を切り落として死をたすける介錯の役目を命じられたのは、皮肉にも半蔵でした。

信康は、半蔵に対していいました。
「半蔵か。わしのためにいろいろ働いてくれたと聞く。礼をいう。されど、事ここにいたっては、やむをえぬ。親しいそなたに介錯をたのめるのが、せめてものなぐさめじゃ」

信康は、ついに刀をわが身につき立てました。しかし、半蔵は、涙があふれ、刀をふりおろすことができません。別の家臣がかわって介錯し、信康は、その生涯をとじたのです。享年21。半蔵は、信康のなきがらから、遺髪を切り落としました。

守るべき人を守れなかった無念の思い。半蔵にとって、生涯わすれることのできないつらいできごとでした。

半蔵が信康を介錯できなかったと聞いた家康は、「鬼半蔵といえども、主君の首はとれなかったか」と感じいったと伝わります。この事件をきっかけに、半蔵は、家康からいっそう信頼されるようになりました。

そんなある日、日本をゆるがす大事件がおきたのです。

（取材協力：伊賀忍者特殊軍団 阿修羅）

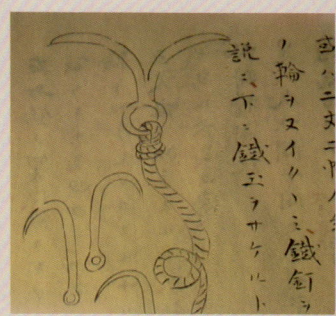

鉤縄は、縄に鉄の鉤爪をつけたもの。木などに鉤爪を引っかけ、塀をよじのぼって乗りこえた。

大木雅之助

自分の身が危ないときに使う武器。編み笠の裏に矢がとりつけられていて、矢を敵に投げつけたり、つきさしたりする。

　1582年、京都で織田信長と会見した徳川家康は、その後、半蔵たちをつれて大坂にむかい、堺の町を見物していました。そこへ、明智光秀が謀反をおこし、信長をうったという知らせがはいります。本能寺の変です。戦国の世を一変させる大事件でした。

　それは、半蔵たち徳川家の家臣にとっても大きな事件でした。光秀がつぎにねらうのは、信長の同盟者、家康にちがいないからです。しかし、緊急事態だというのに、そのときの家康の手勢はわずか30人ほど。戦の準備など、まったくしていませんでした。

　半蔵たちは、一刻も早く本拠地の三河国に帰る手立てを考えねばなりませんでした。明智勢に発見されず、しかも、最短で三河に帰るルート。それは伊賀国をとおる道でした。

　ところが、伊賀の山々には、金品をねらって、とおる者をおそう山賊たちがひそんでいます。なかでも、伊賀国のはしにある加太峠は、山賊が支配するもっとも危険な場所でした。しかも、光秀からは、家康をうてば恩賞をあたえるとのおふれもだされています。ねらわれるのはまちがいありません。

　絶体絶命のピンチに、半蔵がまず最初に考えたのは、味方を集めることでした。そのためにとった方法がのろしです。のろしとは、煙をあげて、さまざまな合図を送る忍びの通信手段です。言い伝えによれば、半蔵はのろしを伊賀の里からよく見える御斎峠であげたといいます。

　集合場所とされた徳永寺は、最大の難所、加太峠の手前にあります。半蔵は、そこで伊賀の忍びたちと合流し、万全の態勢でピンチを切りぬけようとします。

　しかし、じつは前の年、信長は、伊賀の人々を屈服させようと、4万人あまりの兵で攻めこんでいました。天正伊賀の乱です。男のみならず、女や子どもたちをも斬りすて、村を焼きつくしています。この戦いで生き残った人々は、当然、信長に強い憎しみをいだいているはずでした。信長と同盟を結んでいた家康もまた、おなじように恨まれている可能性があったのです。

　それでも、わずかなのぞみもありました。家康は、織田勢に追われ、命からがら逃げてきた伊賀の人々を保護していたのです。

徳川家康
（堺市博物館蔵）

　不安と期待をかかえながら、半蔵たちは、伊賀国に足をふみいれます。一行は、おとり部隊と本物の家康がいる本隊の二手にわかれ、半蔵は本隊側について、北の道をとおってすすみました。しかし、しばらくいくと、恩賞目当ての山賊に遭遇します。半蔵は、家康をかばい、身を挺して戦います。襲撃をなんとかしりぞけ、山道をさらに奥へ。そして、とうとう加太峠のふもとまでたどりつきました。

　ここからは、山賊が根城とする、脱出ルート最大の難所です。集合場所の徳永寺にむかうと、なんと、そこには200人もの伊賀者が集まっていたのです。天正伊賀の乱で傷つい

た仲間たちを家康が助けたことは、伊賀の人々に広く知れわたっていました。あのときの恩返しとばかりに数多くの忍びたちがかけつけてくれたのです。

　半蔵たちは、集まった伊賀の忍びとともに加太峠へむかいました。先々に見張りを立て、敵がひそんでいないか、情報を収集し、連絡をとりあって山賊の襲撃にそなえました。

　こうした忍びたちの働きによって、一行は、山賊が横行する加太峠をなんとかとおりぬけることができました。やがて、無事に伊賀をでて伊勢に到着。そこから船で三河に帰り着きました。決死の脱出劇はみごとに成功したのです。

　危機一髪のところで家康を救った服部半蔵。その活躍があったからこそ、家康は、のちに天下を統一し、泰平の世をきずくことができたのです。

服部半蔵ゆかりの西念寺

　1590年、徳川家康は江戸（今の東京）にうつり、のちに江戸幕府をひらきます。服部半蔵は、主君にしたがって江戸にはいりますが、亡き信康の霊をとむらって剃髪し、名を西念としました。半蔵は江戸城の西門近く（千代田区紀尾井町）に庵をかまえると、家康の命により、信康や徳川家につくして亡くなった人たちの冥福を祈るため、寺の建立に着手しました。しかし、完成前の1596年、半蔵は55年の生涯をおえます。その後、寺院は建立され、西念寺と名づけられました。西念寺は、江戸城の拡張工事のために移転を命じられ、今の地（新宿区若葉）にうつっています。

西念寺には半蔵の墓（左）と、信康のために半蔵が建てた供養塔（右）がある。供養塔には、信康の形見として、半蔵がたいせつにした遺髪がおさめられている。

～戦国乱世に咲いた男の華～

関ヶ原の決戦地をしめす碑（岐阜県関ケ原町）。

Episode.1 友情と恩義に殉じた武将 大谷吉継

　今から400年前、日本がふたつにわかれ、徳川家康のひきいる東軍と、石田三成を中心とする西軍が、今の岐阜県南部で激突しました。関ヶ原の戦いです。午前8時にはじまった戦いは、午後2時に決します。その6時間には、さまざまなドラマがありました。関ヶ原で戦った3人の名将の知られざる物語を紹介します。

　1598年、天下をおさめていた豊臣秀吉が亡くなり、その後の覇権をめぐって対立がおこります。家臣の石田三成は、秀吉の遺志をうけついで、豊臣政権を存続させようとしていました。しかし、この機に乗じて実権を手にしようとしていた徳川家康が三成の前に立ちはだかります。家康は250万石の大大名で、指導力も人望もあります。対する三成の石高はわずか19万石。世の武将たちの多くは、つ

ぎの権力者は家康だと見ていました。

　慶長5（1600）年7月、そんな三成をひとりの武将がたずねます。越前国（今の福井県東部）の敦賀城主、大谷吉継。若くして秀吉に才能を見いだされ、三成とともに豊臣政権をささえる家臣となった人物です。当時は重い病にかかって、一線をしりぞいていました。

　三成は吉継に、家康打倒に協力してくれるよう懇願しましたが、吉継は、家康との格のちがいをさとし、思いとどまらせようとしたといわれます。しかし、結局、亡き主君への忠義をうったえる三成とともに決起することを決めます。

　吉継は、すぐに三成とともに全国の諸大名にむけて、打倒家康への協力をよびかけました。そのとき、西国大名の毛利輝元と宇喜多秀家の協力を得て、書状の差出人をこのふた

大谷吉継 福島正則 吉川広家

大谷吉継（おおたによしつぐ） (1565?～1600?年／室町・安土桃山時代)
福島正則（ふくしままさのり） (1561～1624年／室町・安土桃山・江戸時代)
吉川広家（きっかわひろいえ） (1561～1625年／室町・安土桃山・江戸時代)

■ プロフィール

大谷吉継は、安土桃山時代の大名。羽柴（のちの豊臣）秀吉につかえて、越前国（今の福井県東部）の敦賀城主となる。秀吉の死後、関ヶ原の戦いで戦死。

福島正則は、安土桃山時代の武将。江戸時代初期の大名。関ヶ原の戦いでは、徳川家康ひきいる東軍に属す。

吉川広家は、安土桃山時代の武将。江戸時代初期の大名。関ヶ原の戦いでは、石田三成を中心とする西軍にありながらも東軍の家康とつうじ、毛利氏の参戦を阻止している。

大谷吉継（石田多加幸所蔵）

福島正則

吉川広家（吉川史料館〈岩国市〉所蔵）

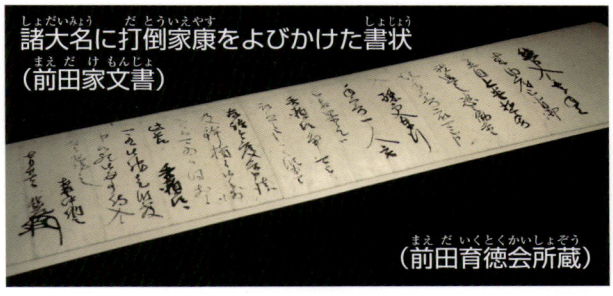
諸大名に打倒家康をよびかけた書状（前田家文書）
（前田育徳会所蔵）

石田三成　大谷吉継　徳川家康　小早川秀秋

りの名前にしました。すると、全国の武将たちがつぎつぎと協力を申しでてきたのです。そして、決戦前日、戦場にはいった吉継は、さらなる手をうちます。じつは、吉継は、味方である西軍の小早川秀秋が裏切るかもしれないという情報をつかんでいました。いざ裏切りがおこっても即座に封じこめられるよう、みずからの隊を小早川隊の近くに配置することにします。

9月15日午前8時、いよいよ戦いがはじまります。吉継は、このとき、病で視力をほとんどうしない、歩くこともままならない状態でしたが、家臣に戦況をたずねながら采配をふるいました。西軍の士気は高く、予想をこえるいきおいで、東軍をじりじりとおしていきます。しかし、正午になると、高台で待機

していた小早川の軍勢が裏切り、味方であるはずの西軍へと攻めこんできました。吉継は、ひるむことなくむかえうちますが、ここで予想外のことがおこります。裏切りのそなえとして布陣させていた味方の4隊が動揺し、吉継の部隊にむかって攻めてきたのです。吉継の部隊は孤立し、これをきっかけに、西軍は総くずれとなってしまいました。

つぎつぎとうたれる吉継の家臣たち。西軍の敗北をさとった吉継は、残った家臣たちを集め、逃げのびるよう申しつけたといいます。

西軍の武将たちがつぎつぎと撤退するなか、吉継は戦場にとどまり、切腹する道を選びます。友情に殉じて戦い、敗北の責任を一身に負うようにしてはてた武士の最期でした。

戦は勝ってなんぼ！　出世命の福島正則

戦がはじまった直後、敵にまっ先に斬りこむのが一番槍。勇気がいるため、成功すれば大きく出世ができました。この一番槍に命をかけたのが福島正則。武士のほこりを何よりもたいせつにする正則の情熱の源は、なんといっても立身出世でした。

福島正則は1561年に生まれます。幼くして秀吉に引きとられた正則は、寵愛を存分にうけて育った、秀吉の秘蔵っ子でした。正則は槍の名手で、敵にまっ先に斬りこんでいく一番槍を得意としていました。その活躍でもっとも有名なのが、23歳のときに参戦した賤ヶ岳の戦い。このときの活躍によって、正則はいっきに5000石へと昇進。その後も、戦のたびに手柄をかさね、24万石までとんとん拍子に出世しました。

そんな正則に運命の転機がおとずれます。主君である秀吉が死去したのです。これによって、その後の覇権をめぐり、石田三成と徳川家康が対立することになります。正則が選んだのは、忠義をうったえる三成ではなく、勢力にまさる家康のほうでした。

慶長5（1600）年7月、秀吉の遺言をつぎつ

「賤ヶ岳合戦図屏風」（大阪城天守閣蔵）。味方が敵に攻めこむなか、福島政則（円内）は、一番に敵の首をとったことを知らせるため、逆方向に走っている。

ぎとやぶる家康の横暴ぶりに我慢できず、ついに三成が挙兵します。この知らせをうけたとき、家康は、正則をはじめとした、秀吉に恩義のある武将たちといっしょでした。家康は、その豊臣恩顧の武将たちを、なんとか味方につける方法がないかと画策します。家康は、三成が挙兵したことを武将たちに知らせる前に、こっそり正則をよびだし、たのみごとをしたのです。それは、豊臣恩顧の武将たちの前で、家康に協力することを最初に宣言してほしいというものでした。

そして、翌日、家康は武将たちを集めると、三成が兵をあげたと伝え、家康と三成のどちらにつくかとたずねました。武将たちはざわめきます。三成と戦えば、秀吉の息子、秀頼に歯むかうことになり、家康と戦えば──。

そのとき、正則が口をひらきました。

石田三成

「これは三成のたくらみで、秀頼様にはかかわりないことだ。わしは家康殿にお味方いたす」

正則の発言の効果は絶大でした。秀吉の秘蔵っ子、正則が味方するならばと、ほとんどの武将が家康につきます。

そして、むかえた関ヶ原の戦い。9月15日午前8時、戦いの火ぶたが切られました。この日、正則隊が陣取ったのは、東軍の一番前。もちろん、一番槍の手柄をねらってのことでした。ところが、正則隊は思いもよらず、ほかの隊に一番槍をとられ、さらに西軍の猛攻によってじりじりと後退させられてしまいます。家臣たちのふがいなさに激怒したのが正則自身でした。陣をとびだして、最前線に着くや、家臣にむけて一喝。

「一歩でもしりぞく者あらば、このわしが斬りすてるぞ」

正則の剣幕に、家臣たちは気合いを一新。みごと攻撃のまきかえしに成功したのです。午後2時、正則隊らの奮戦のかいもあって、戦いは東軍の勝利となりました。この戦での活躍をみとめられた正則は、家康から、今の

福島正則が城主となった広島城。

広島県にあたる安芸・備後の2か国、およそ50万石をあたえられます。こうして正則は大出世をとげたのです。

ところが、江戸幕府がひらかれ、家康にかわって2代将軍の秀忠の代になると、正則に対して突然の処罰がくだされます。それは、50万石から4万5000石への格下げにくわえ、信濃国（今の長野県）の川中島へうつれという命令でした。理由は、「城の石垣を修理する際、許可をえなかった」との罪で、いいがかりにひとしいものでした。かつて、秀吉の秘蔵っ子でありながら、いち早く徳川方についた正則。幕府にとっては、完全には信用できない存在とみなされたのかもしれません。

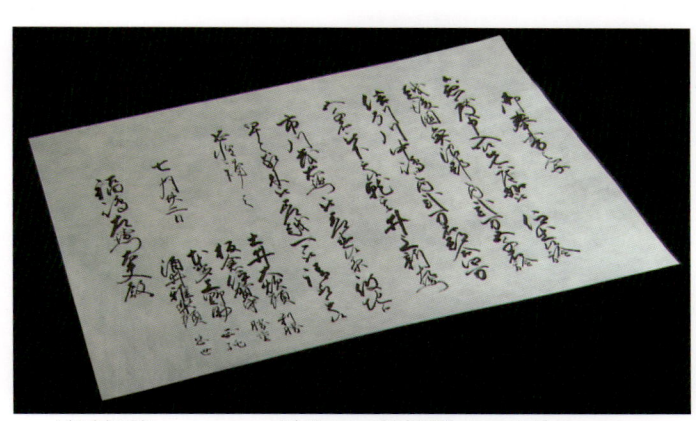

福島正則に対して、格下げと川中島への移籍を命じる書状（岩松院蔵）。

5年後、福島正則は64歳で亡くなります。晩年、正則は、みずからの心境をこう語っていました。

「わが身は弓のようなもの。戦があれば重宝され、太平の世になればこうして蔵にしまわれるのみ」

関ヶ原の戦いでもっとも勇猛だった男は、そんな言葉をつぶやいて、人生に幕をおろしたのです。

　吉川広家は、1561年、毛利家の親戚である吉川家に生まれました。広家の祖父は、一代で毛利家を中国地方の覇者にした毛利元就。広家にとって、あこがれの存在でした。尊敬する祖父の口ぐせは、「毛利は天下を競うべからず」というもの。家を守るには、分をわきまえて領土を拡大せず、現状維持につとめよと、元就は周囲にいいきかせていました。

毛利元就

毛利輝元

　1587年に吉川家をついだ広家は、この教えを守ろうと心がけます。本家である毛利家をささえるのはみずからの使命とこころえ、日々努力していました。

　1598年、天下をおさめていた豊臣秀吉が亡くなります。その後の覇権をめぐって徳川家康と石田三成の争いが勃発。日ごろから毛利家のため、情報収集につとめていた広家は、今度の戦いは東軍の家康が勝つと読んでいました。ところが、毛利家の当主、輝元は、三成にたのまれて西軍の総大将を引きうけてしまったのです。広家は、お家の一大事とあせります。毛利家を救うため、広家は、ある作戦を思いつきます。それは、総大将となった本家の輝元には内緒で、敵の家康側と密約を

結ぶというものでした。

　慶長5（1600）年9月14日、関ヶ原の戦いの前夜、広家は、家康の陣地に使者を送り、毛利隊は戦に参加しないので、負けてもおとがめなしにしてほしいとたのみます。広家の申し出に感謝した家康は、これをうけいれます。そして、血判つきの誓約書をだし、「約束を守れば毛利家は安泰」と伝えたのです。

　決戦当日、広家は、毛利隊の動きを監督する立場だったことを利用し、あえて戦いにくい布陣を考えます。毛利本隊の陣地は、関ヶ原の主戦場から6キロもはなれた場所、標高419メートルの南宮山でした。南宮山の陣地とふもとを結ぶのは細い一本道だけで、いざ出陣となっても、山をおりるのに1時間近くかかります。さらに、広家自身が陣取ったのは山のふもとでした。万が一、毛利本隊が出陣するためにおりてきたら、ここでくいとめる作戦でした。

　午前8時、合戦がはじまります。東西両軍による一進一退の必死の攻防がつづきました。

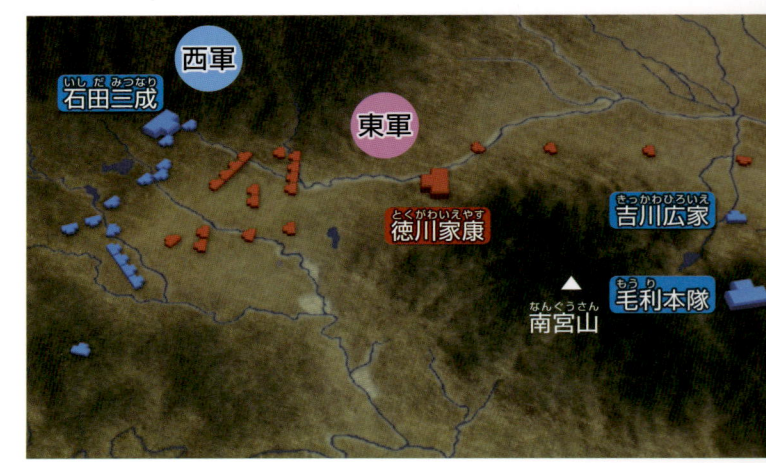

南宮山に陣取る毛利本隊はというと、蚊帳の外でまったく動かないまま。やがて、しびれを切らした西軍から、毛利隊の参戦をうながすのろしがあがりました。これを見た毛利本隊は山をおりようとしますが、ふもとにいる広家隊がつかえて動けません。広家に出陣をうながしても、まったく動こうとしませんでした。そして、戦がはじまって6時間後、ついに東軍の勝利で合戦が終了します。結局、毛利隊の死者ゼロ、負傷者ゼロ。こうして、広家の戦わない作戦は成功したのです。

ところが、戦ののち、事は思わぬ方向にすすみます。家康側から、西軍の責任者として、毛利家はとりつぶしと伝えられたのです。約束がちがうとうったえる広家ですが、家康はとりあいません。そこで、広家がもらった誓約書をたしかめると、そこには家康の名前がなく、書かれていたのは家康の家臣の名前だけでした。広家は、家康に一杯食わされてしまったのです。しかも、家康は、広家のおかげで勝てたとして、毛利家からとりあげる領地の一部をほうびとして広家にあたえるといいだしました。これでは毛利家を裏切ったも同然。広家は、この申し出を即座にことわり、自分はほうびなどいらないから、どうか毛利家を助けてほしいと懇願します。

結局、家康は広家のうったえをみとめ、毛利家は領地を3分の1にへらしたものの、とりつぶしはまぬかれ、西軍の総大将をつとめた輝元も切腹せずにすみました。

祖父、元就のいいつけを守った吉川広家の努力により、毛利家は関ヶ原の戦いのあとも、かろうじて存続することになったのです。

岐阜県関ケ原町には、関ヶ原の戦いからおよそ400年がすぎても、おとずれる人が少なくありません。恩義のため、プライドのため、そして、お家のために、それぞれの信念をつらぬき、関ヶ原で全力をつくした武将たちの生きかたは、今も人々の心をうちつづけています。

元就からさずかった勝ち守り

関ヶ原の戦いのとき、西軍の総大将、毛利輝元の重臣だった吉川広家は、あるお守りをにぎりしめていました。それは、小さな厨子におさめられた高さ3センチほどの仏像です。戦の勝利を願う勝ち守りとして、元就が広家にさずけたもので、戦場では、袋にいれて身につけていたということです。

このお守りの効果があったのか、広家は戦わずして毛利家を存続へとみちびくことができました。

左は勝ち守り、下は勝軍騎馬尊像（吉川史料館蔵）。

戦国のプリンス、いざ天下取りへ！
～大坂の陣400年 豊臣秀頼の素顔～

大阪の町のシンボル、大阪城（大阪市中央区／秀頼のころは「大坂城」と表記）。その壮大さにひかれ、日本のみならず、世界中から観光客がおとずれている。

Episode.1　マザコン？ 神童？ 豊臣家のプリンス誕生

安土桃山時代の後期、天下をおさめる豊臣家に生まれたプリンス、豊臣秀頼。その実像は、多くの謎につつまれてきました。冬と夏の２度にわたった合戦、大坂の陣で、徳川家康と壮絶な死闘をくりひろげた豊臣方の総大将、豊臣秀頼の知られざる姿にせまります。

豊臣秀頼は、文禄２（1593）年、時の天下人、豊臣秀吉と妻のひとりだった淀殿とのあいだに誕生します。秀吉は、正妻のほかに16人もの妻がいたと伝えられます。しかし、子が生まれても幼いうちに病死するなど、跡つぎにはめぐまれませんでした。秀頼が生まれたとき、秀吉はすでに57歳。もはや子はできないとあきらめていただけに、秀頼にはとことん愛情をそそぎます。

しかし、わが子への愛情がふくらみつづけるとともに、ある人物の存在が問題となっていきます。おいの豊臣秀次です。じつは、秀頼が生まれる２年前、跡つぎにめぐまれなかった秀吉は、この秀次を跡つぎにするつもりで養子にしていたのです。ところが、かわいいわが子の誕生で、状況は一変しました。

秀吉は、後継者問題を白紙にもどそうとします。秀次が謀反をくわだてているとして追放し、死に追いやりました。その後、秀次の妻子にいたるまで、みな処刑してしまいます。

豊臣秀吉

淀殿

豊臣秀頼 (1593～1615年／安土桃山・江戸時代)

豊臣秀頼

■ プロフィール

安土桃山時代の武将。豊臣秀吉の子。幼名は拾。母は浅井長政の長女、淀殿。1595年に関白だった豊臣秀次が亡くなったことで、豊臣家の跡つぎとなる。1598年、重い病にあった秀吉は、秀頼に忠誠をつくすよう大名たちにちかわせた。しかし、秀吉が亡くなると、豊臣の家臣たちが分裂。1600年の関ヶ原の戦いに徳川家康が勝ったことで、秀頼は60万石ほどの大名にされる。大坂夏の陣で徳川家にやぶれ、母の淀殿とともにみずから命を絶った。

秀頼が5歳のときの書。学問の神様、菅原道真の神号（神様としての名）が書かれている。秀頼の達筆ぶりは幼いころから評判で、諸国の大名は直筆の書をこぞってほしがったという。

天満大自在天神

すべては秀頼への異常なまでの愛情のなせる業でした。

秀頼は、何不自由なく育てられました。しかし、ただあまやかされていたわけではありません。武芸はもとより、当代一流の学者の教えをうけ、兵学や儒学など、あらゆる学問を徹底してたたきこまれます。秀頼は、秀吉の後継者として申し分のない能力を身につけて、成長していったのです。

秀頼が6歳のとき、豊臣家をゆるがすできごとがおきます。秀吉が重い病にふしたのです。死期が近いことをさとった秀吉は、遺言を残します。

「何とぞ秀頼のことをたのみまするぞ」

まだ幼い秀頼のゆくすえを案じ、家康などの有力大名たちに後見役をたくしたのです。

それからほどなくして、秀吉は死去し、秀頼は、豊臣家の当主として歴史の表舞台に立つことになります。秀吉が亡くなって1か月あまり、まだ喪も明けぬうちから、秀頼はその存在感を世にしめしはじめます。まず最初におこなったのは、京都の方広寺の改修です。豊臣家の威光をしめすための大工事として、こわれた部分の修理だけでなく、奈良の東大寺とならぶ巨大な大仏殿の建設まではじめたのです。

秀吉の愛情を一身にうけた秀頼。夢は父とおなじく、天下人になることでした。このあと、秀頼は成長するにつれ、さらにその能力を開花させていきます。

方広寺の修理のようすを伝える絵。大仏殿が建設されたことがわかる。

豊臣秀吉の死後、世の中はふたたび戦乱への不穏な空気につつまれはじめます。主君の秀頼がまだ幼いのをいいことに、天下取りに動く者があらわれたのです。それが徳川家康でした。

慶長5（1600）年9月15日、秀頼が8歳のとき、今の岐阜県南部で関ヶ原の戦いがおきます。全国の武将を二分し、家康ひきいる東軍と、石田三成を中心とする西軍がぶつかりあいました。結果は東軍の勝利。その後、家康は、朝廷から征夷大将軍に任ぜられ、江戸（今の東京）に江戸幕府をひらきます。

徳川家康（堺市博物館蔵）　　石田三成

これで天下は家康のもの。一見、そう思えますが、当時の人は、家康の政権は一時的なもので、いずれ秀頼が天下人になると考えていたようです。実際、関ヶ原の戦いのあとも、各地の大名は、年賀のあいさつに、秀頼のもとに参上しています。秀頼がただの大名なら、わざわざ出むくことはありません。秀頼自身も、やがて天下はわがものになると信じてうたがいませんでした。

そして、1604年、秀頼は、亡き父、秀吉の七回忌の祭礼を京都でもよおします。騎馬行列や能の上演などが盛大におこなわれ、町はおまつりさわぎになりました。

民衆がよろこぶようすを見た家康は、大きな脅威を感じます。

「このまま秀頼を野放しにしていては、わが徳川家のわざわいとなる」

そのころから、家康は秀頼に対し、あからさまに圧力をくわえはじめました。まず、全国の大名に、家康が住む江戸城の強化、拡張工事を指示します。これには、主従関係をあらためて明らかにする意図がありました。さらに、大坂をかこむように、名古屋城や篠山城などの築城を命令します。兵こそ動かさないものの、戦への準備ともとれる行動でした。

一方の秀頼は、表立った対立はさけます。すでに家康は60歳をこえていました。当時としては、いつ亡くなってもおかしくない年齢です。忍耐強く待ちつづけ、家康が亡くなったあとで政権をとりかえそうとしたのかもしれません。

しかし、秀頼は何もしなかったわけではあ

徳川家康による新たな築城

丹波亀山城　関ヶ原　加納城
篠山城　二条城　彦根城
膳所城　名古屋城
大坂城　伊賀上野城
豊臣秀頼

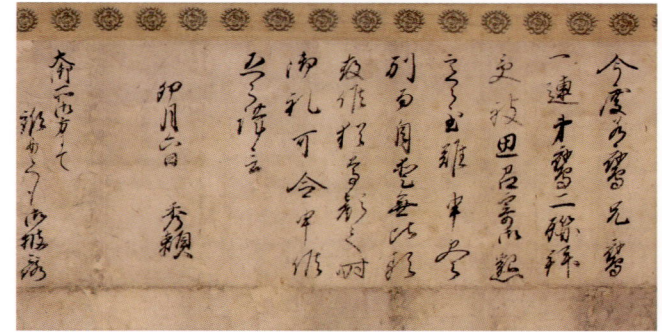

二条城会見のあとに、秀頼が家康に送った書状（京都大学総合博物館所蔵）。

りません。1609年、出雲大社の遷宮（神殿の建てかえなどでご神体をうつすこと）を命じます。ほかにも、長野の善光寺や奈良の法隆寺など、各地の名だたる神社仏閣の改修や造営をおこないます。その数は100近くにおよびました。国家の平安を願う大きな寺社の保護は、すなわち国をおさめる天下人の役割。秀頼は、全国規模で改修などをおこなうことにより、信仰心の厚かった当時の人々に、その力をしめしたのです。

　家康の意に反して、ますます存在感をましていく秀頼。業を煮やした家康は、1611年、ついに兵を動かします。きっかけは、天皇が位をゆずり、新たな天皇が即位する儀式でした。家康は、国じゅうの目が京都にそそがれるタイミングを利用します。

　まず、警護の名目で、5万人もの兵を引きつれて京都へむかいました。そして、軍事力をちらつかせ、せっかく近くまできたのだから会おうといって秀頼をよびだしたのです。これに応じて、秀頼がわざわざ会いにいけば、世間の目には家康に服従したようにうつります。この家康の要請に、秀頼の母、淀殿は激怒します。

　しかし、秀頼は、わずか30人ほどの護衛のみをつれて、京都へとむかいます。そして、慶長16（1611）年3月28日、秀頼と家康は二条城で、ついに対面します。いわゆる「二条城会見」です。ふたりのあいだで、どんな言葉がかわされたかわかりませんが、秀頼をよびだすことに成功した家康は、終始ご機嫌で、趣味の鷹狩りにもちいる鷹をおくるなどしました。

　会見に応じたことで、家康にしたがったようにも見えますが、秀頼の天下人としてのほこりはうしなわれていませんでした。いったんは矛をおさめた家康も、ふたたび豊臣家をたおすチャンスをうかがうようになります。

　家康が目をつけたのは、皮肉にも豊臣家の繁栄を願う方広寺で新調された鐘でした。問題は鐘にきざまれた「国家安康」の文字。平和がつづくようにとの願いをこめたものですが、家康は自分の名前をさいて、徳川家を呪うものだといいがかりをつけます。そして、国の乱れをしずめるためだとして大坂城への攻撃を決断。秀頼は、いやおうなく豊臣家の存亡をかけた戦にのぞまざるをえなくなったのです。

方広寺（京都市東山区）の鐘楼。右は、鐘にきざまれた「国家安康」の文字。家康は、「家」と「康」がさかれているとしていいがかりをつけた。

　慶長19（1614）年10月、豊臣・徳川の両陣営は、戦いの準備をすすめていました。豊臣方は、秀頼のよびかけにこたえた牢人（のちの浪人）をふくめて10万人。対する徳川方は2倍の20万人。豊臣方は、徳川の大軍をどうむかえうつかで意見がわれました。歴戦のつわもの、真田幸村（信繁）は城の外に出て、正面切って戦うことを主張します。一方で、大坂城の強固な守りにたよる籠城戦をとなえる者も多くいました。当時、難攻不落をほこった大坂城。巨大な堀にくわえ、外側に全長8キロにもおよぶ、城下町と一体化した防御線がきずかれていました。

巨大な堀や城下町に守られた大坂城。【再現イメージ】

　秀頼は、父が残した大坂城の防御力に賭けることにします。11月19日、ついに両軍が衝突します。大坂冬の陣です。数で圧倒する徳川方は、雪崩をうって攻めてきました。秀頼は、寄せ集めの兵の士気を高めようと奔走。広大な城の各所に陣取った兵のもとを馬でまわって激励します。そして、戦果をあげた者には、即座にほうびをあたえました。

　秀頼のねらいどおり、兵たちは数のうえでの不利をくつがえして善戦します。一方の徳川方は、巨大な堀を前に攻めあぐね、甚大な被害を出していました。

　そこで家康は、作戦を変更し、最新兵器で遠距離から攻撃するよう命じます。大砲やきわめて大型の火縄銃が数百も用意され、かつてない砲撃や射撃を城にあびせました。そのうちの一発が天守に命中。女中たちに死傷者がでます。これをまのあたりにした淀殿は、停戦を主張。秀頼も、被害が少ないうちに和睦するのは得策と考え、母のうったえを聞きいれることにしました。

芝辻砲
（靖國神社遊就館所蔵）

慶長大火縄銃
（堺市博物館所蔵）

　その後まもない12月、和睦が成立。家康が条件としたのは、大坂城を守る堀の埋め立てでした。外側の堀を徳川方が埋め、内側の堀を豊臣方が埋めることで合意します。

　しかし、秀頼は、徳川の兵が去ったあと、すぐに堀の復旧を命令します。さらに城の防御を強化し、食料も集めはじめました。これに対して、家康は豊臣方に時をあたえず、城を明けわたすよう最後通告をつきつけます。

堀が万全でない状態では、豊臣方の劣勢は明らかでしたが、秀頼は、豊臣家当主として、最後まで戦うことを宣言します。

翌年の5月、雌雄を決すべく、豊臣方と徳川方がふたたび激突しました。大坂夏の陣です。堀の復旧がまにあわなかった豊臣方は、城を出ての戦いを強いられます。このとき、豊臣方5万5000人に対し、徳川方15万人。城の外での戦いとなれば兵の数がものをいいます。徳川方が圧倒し、戦いがはじまってまもない5月7日には、大坂城の天守まであと4キロのところにせまります。

秀頼は、この日こそ決戦とみて、大坂城本丸の正門、桜門に朝から陣をかまえました。最前線での戦いにいどむ覚悟です。そのいさましい姿に、多くの者が父、秀吉のおもかげを見て涙したと伝えられます。総大将の秀頼が出陣するとの知らせに、おされぎみだった豊臣方の士気は、いっきにあがりました。そして、それまでとは一転、攻撃にうって出ます。これで秀頼様が最前線にでれば、勝利も夢ではない。みながそう信じていたとき、大

大阪城にある「豊臣秀頼淀殿ら自刃の地」の碑。

きな誤算が生じます。秀頼のもとに、味方が寝返ったという情報がもたらされたのです。城を出たとたん、わながあるかもしれません。秀頼は、動くに動けなくなってしまいました。

あとでわかったことですが、じつはこの情報は、家康のはかりごとだったようです。こうして、秀頼は、出撃のタイミングをのがし、戦いの状況はふたたび悪化。真田幸村など、豊臣方の有力武将は、つぎつぎとうたれていきました。

勝負あったと見た家康は、秀頼のもとに和睦の使者を送ります。しかし、秀頼は、もはや落城というこのときも、家康にしたがおうとはしませんでした。

秀頼は、母の淀殿とともに自害します。このとき23歳。天下をおさめるプリンスとして期待され、庶民に愛された男の無念の最期でした。

鹿児島市にある秀頼の墓のいわれ

当時の関西地方では、こんな歌がはやったそうです。

「花のよふなる秀頼さまを　鬼のよふなる真田が連れて

退きも退いたよ加護嶋（鹿児島）へ」

秀頼は大坂城で命を落とさず、九州・鹿児島へのがれたという意味です。鹿児島市内では、秀頼のものとされる墓があり、今もたいせつにされています。地元では、秀頼はこの地で子どもをもうけ、幸せに暮らしたとも伝えられています。本当かどうかはわかりませんが、当時、江戸幕府の目からのがれて秀頼と豊臣家をしたう人々のいたことがうかがえます。

伝 豊臣秀頼の墓

NHK「歴史秘話ヒストリア」制作スタッフ

制作統括　　　木道 壮司　田畑 壮一　阿部 浩治　川野 良太　飯田 真麻 (プロデューサー)

ディレクター　今野 雄一
　　　　　　　「師匠、オレは戦国大名になる！ "やられ役" 今川義元の真実」(2015年5月27日放送)

　　　　　　　谷口 僚平
　　　　　　　「あなたの知らない信長の素顔　〜英雄を記録した男 太田牛一の生涯〜」(2013年12月4日放送)
　　　　　　　「悲劇の父娘 反逆の果てに　〜本能寺の変　明智光秀と家族の運命〜」(2013年6月26日放送)

　　　　　　　厚美 有芳
　　　　　　　「転職忍者ハットリ君の冒険　〜家康の "頼れる家臣" 服部半蔵〜」(2015年12月9日放送)

　　　　　　　押尾 由起子
　　　　　　　「関ヶ原 知られざるヒーローたち　〜戦国乱世に咲いた男の華〜」(2011年10月5日放送)

　　　　　　　西口 賛
　　　　　　　「戦国のプリンス、いざ天下取りへ！　〜大坂の陣400年 豊臣秀頼の素顔〜」(2015年5月20日放送)

協　　力　　　NHK エデュケーショナル
デザイン　　　グラフィオ
ＣＧ制作　　　タニスタ
図版作成　　　中原武士
編集・DTP　　ワン・ステップ

NHK 新歴史秘話ヒストリア
歴史にかくされた知られざる物語

1 乱世を生きた戦国武将

2018年1月 初版発行

NHK「歴史秘話ヒストリア」制作班／編

発行所　　　株式会社 金の星社
　　　　　　〒111-0056 東京都台東区小島1-4-3
　　　　　　電話　03-3861-1861 (代表)
　　　　　　FAX　03-3861-1507
　　　　　　振替　00100-0-64678
　　　　　　ホームページ　http://www.kinnohoshi.co.jp

印　刷　　　株式会社 廣済堂
製　本　　　東京美術紙工

NDC210　40p.　29.5cm　ISBN978-4-323-06826-8

©NHK & ONESTEP inc., 2018
Published by KIN-NO-HOSHI SHA, Tokyo, Japan.

乱丁落丁本は、ご面倒ですが、小社販売部宛にご送付下さい。
送料小社負担にてお取替えいたします。

NHK 新歴史秘話 ヒストリア

歴史にかくされた知られざる物語

全5巻

- シリーズNDC：210（日本史）
- A4変型判　40ページ
- 図書館用堅牢製本

NHK「歴史秘話ヒストリア」制作班：編

NHK番組「歴史秘話ヒストリア」から、教科書にも掲載されるような有名な歴史上の人物や事件、歴史的遺産をおもに取りあげて収録。知られざる歴史の秘話をたっぷりと紹介します。発見と感動の連続で、歴史が身近に感じられるシリーズ・第4弾！

❶ 乱世を生きた戦国武将

「今川義元」「織田信長／太田牛一」
「明智光秀」「服部半蔵」
「大谷吉継／福島正則／吉川広家」「豊臣秀頼」

❷ 歴史を動かした女性

「持統天皇」「日野富子」「井伊直虎」
「立花誾千代／妙林尼」「天璋院・篤姫」
「夏目漱石／夏目鏡子」

❸ かがやく日本文化

「前方後円墳」「天文学（天武天皇）」
「びわ湖（最澄／松尾芭蕉）」「鑑真」
「和食（道元／千利休）」「ザビエル」

❹ 太平洋戦争の記憶

「二・二六事件」「潜水空母 伊400」
「給糧艦 間宮」「東京ローズ」
「鈴木貫太郎」「外交官グルー」

❺ 日本がほこる世界遺産

「厳島神社（平清盛）」「熊野（白河上皇）」
「金閣寺／銀閣寺」「富士山（足利義教）」
「姫路城（池田輝政）」「富岡製糸場」